RÉVISION

DE LA

LÉGISLATION DES FAILLITES

————

PROJET

ADOPTÉ

PAR LE COMITÉ CENTRAL DES CHAMBRES SYNDICALES

DANS SES SÉANCES DES

16 décembre 1880, 16 juin et 28 juillet 1881

PARIS

IMPRIMERIE ET LIBRAIRIE GÉNÉRALE DE JURISPRUDENCE
MARCHAL, BILLARD et Cᵉ, IMPRIMEURS-ÉDITEURS
LIBRAIRES DE LA COUR DE CASSATION
Place Dauphine, 27

—

1882

SOMMAIRE

REVISION

DE LA

LÉGISLATION DES FAILLITES

PROJET

ADOPTÉ

PAR LE COMITÉ CENTRAL DES CHAMBRES SYNDICALES

DANS SES SÉANCES DES

16 décembre 1880, 16 juin et 28 juillet 1881 (1)

CONSIDÉRATIONS PRÉLIMINAIRES.

Le Comité central des Chambres syndicales est, depuis 1869, préoccupé de la nécessité d'une revision de la législation des faillites, et il a fait de cette grave question, à diverses reprises, l'objet d'études approfondies qui l'ont amené à constater les côtés vicieux de la loi actuelle, et à préciser les moyens de l'améliorer.

Bien que modifiées en 1838, les dispositions du Code de commerce qui règlent les faillites laissent encore beaucoup à désirer, pour être en harmonie avec les besoins du Commerce et même avec nos mœurs.

I.

Au point de vue moral, n'est-il pas souverainement injuste qu'un citoyen soit frappé d'une pénalité, quelle qu'elle soit, avant que sa culpabilité ait été démontrée, et que l'homme honnête soit, par cela seul que le malheur l'a touché, puni à l'égal de celui qui a sciemment enfreint les lois de l'honneur et de la probité ? C'est cependant ce qui a lieu sous le régime actuel des faillites.

Ainsi, dès qu'un commerçant suspend ses paiements, la loi le déclare en état de faillite ; et sans examiner si les circonstances qui l'ont arrêté dans sa marche sont ou non le résultat de ses fautes, sans rechercher si la suspension de paiement est le fait du calcul coupable d'un spéculateur véreux, ou si elle n'est pas plutôt la conséquence forcée d'une série d'accidents, de mécomptes ou même

---

(1) Ce projet a été préparé par une commission composée de MM. FRÉDÉRIC LÉVY, SAGLIER, SÉGUIER et de M. J.-L. HAVARD, *rapporteur*, et adopté par le Comité central des Chambres syndicales (voir le Recueil des procès-verbaux des séances dudit Comité : vol. I, p. 6 et 61 ; vol. XI, p. 10, 53, 65, 170, 189 ; vol. XII, p. 123, 131, 150).

1

d'erreurs, le commerçant failli est non seulement dépouillé de l'administration de ses biens, mais encore déclaré d'ores et déjà déchu, et à toujours, de ses droits de citoyen ; il peut même être privé de sa liberté.

Il est vrai que, lorsque ses affaires ont été remises aux mains d'un syndic, ses créanciers sont appelés à se prononcer d'abord sur la question de savoir si on peut le remettre à la tête de ses affaires, en lui accordant des remises sur sa dette et un terme pour l'acquitter ; et ensuite sur le point de savoir s'il est ou non excusable. — Mais, par une dérision amère, le verdict favorable des créanciers, dans ces deux cas, ne relève cet infortuné d'aucune des incapacités dont il a été frappé relativement à ses droits civiques. La réhabilitation seule peut les lui rendre ; et les conditions en sont telles que les hommes les mieux intentionnés au début sont bientôt paralysés dans leurs efforts, et sentent s'éteindre leurs bonnes intentions, en présence de difficultés qu'il leur est impossible de vaincre, à moins d'un de ces retours de fortune aussi rares qu'extraordinaires dans leur malheureuse situation.

II.

Si du point de vue purement moral, nous passons au point de vue matériel des intérêts des créanciers, nous verrons que le régime actuel des faillites est loin de leur être favorable.

Tout d'abord remarquons que la rigueur avec laquelle la loi frappe immédiatement le commerçant qui suspend ses paiements, sans se préoccuper s'il y a faute ou simplement malheur dans ce fait, le pousse naturellement à reculer le plus qu'il lui est possible le dépôt de son bilan, et l'entraîne dans une série d'opérations toutes plus malheureuses les unes que les autres, au bout desquelles il ne s'arrête que parce qu'il a épuisé ses dernières ressources : ce qui explique ces passifs en dehors de toute proportion avec les actifs que présente la majeure partie des bilans.

Et encore si le reliquat de la balance de ces bilans était intégralement réparti entre les créanciers. — Mais point : d'abord il faut compter avec la gestion plus ou moins active, plus ou moins intelligente, plus ou moins impartiale d'un syndic salarié ; avec les incidents judiciaires soulevés ici par des créanciers, là par le débiteur, dont quelques-uns ne sont clos qu'après de longues années. — Et, à supposer même que toutes choses marchent à peu près bien, il y a toujours à la clôture, une carte à payer dont l'addition offre un total assez gros pour réduire dans une proportion notable les ressources de la faillite ; d'où ces dividendes souvent dérisoires dont les créanciers sont obligés de se contenter, et qu'ils ne reçoivent qu'après une longue attente ; heureux encore ceux qui ont pu la subir sans être eux-mêmes entraînés à la faillite !

Pour apprécier tout ce qu'il y a de contraire aux intérêts des créanciers dans la situation qui leur est ainsi faite, il suffit de remarquer que l'actif de la faillite est quelque chose de plus que ce qu'on veut bien appeler le gage des créanciers ; c'est en réalité leur bien.

En effet, cet actif égalât-il le passif, et c'est le cas le plus favorable et le plus rare, cet actif tout entier leur appartient en propre, et non au débiteur, puisqu'il représente ce que celui-ci doit à ceux-là, c'est-à-dire ce qu'ils ont remis en ses mains, en faisant confiance dans sa probité et dans son honneur. Or, c'est, il semble, parce que le législateur n'a pas tenu un compte suffisant de cette véritable situation des créanciers à l'égard de leur débiteur, que, dans la direction de la faillite, leur action a été aussi restreinte, et entourée d'autant de formalités ; d'où il résulte que leurs intérêts sont à l'entière merci d'un syndic, et soumis à tous les accidents d'une procédure lente et dispendieuse.

En résumé, les vices de la législation actuelle résident donc dans une procédure désastreuse dont les résultats sont de consommer la ruine du débiteur, en le flétrissant, sans que les intérêts de ses créanciers y trouvent une protection efficace et dés garanties sérieuses.

C'est en approfondissant les causes du mal, ainsi que nous venons de le faire, que nous avons été amenés à en trouver le remède.

III.

Il s'agit d'abord de soustraire le débiteur honnête à la pression déplorable qu'exerce sur son esprit la crainte d'une flétrissure dont l'équité est loin d'être justifiée, et de lui permettre ainsi de comprendre que son intérêt lui commande de ne pas attendre qu'il soit sans ressources, pour proposer à ses créanciers un arrangement de nature à sauvegarder leurs intérêts réciproques.

Et cela fait, il convient de fournir aux créanciers la faculté de se prononcer en juges souverains, sur le meilleur mode à employer pour tirer de la situation du débiteur le parti le plus favorable à leurs intérêts :

Nous estimons qu'on atteindra ce double but par une série de mesures tendant à assurer :

1º A tout débiteur embarrassé, la faculté d'obtenir un sursis à l'exécution de ses engagements ;

2º Et aux créanciers réunis en assemblée générale, le pouvoir de se prononcer à une majorité déterminée sur les propositions du débiteur, et, en cas de rejet, sur la liquidation de ses affaires.

Ce ne sont pas là, à vrai dire, de grandes nouveautés. En effet, d'une part, il est peu de débiteurs, soucieux de leur honneur et même de leurs intérêts, qui ne tentent la fortune d'un arrangement amiable, avant de déposer leur bilan ; mais, comme l'arrangement ne peut être conclu si un seul des créanciers refuse son adhésion, cette tentative échoue dans le plus grand nombre des cas, parce qu'un créancier aura été animé de mauvaises dispositions contre la personne du débiteur, ou aura fait de sa signature la condition d'un pacte onéreux, toujours inique et parfois honteux.

Eh bien, il faut que désormais ces arrangements ne soient plus entravés par l'opposition d'une minorité, dès que la majorité des créanciers aura reconnu que l'arrangement est favorable aux intérêts de la masse.

Et d'une autre part, du moment qu'il est reconnu que l'actif du débiteur est la représentation des biens ou des sommes que ses créanciers lui ont confiés, c'est incontestablement à la masse de ces créanciers qu'il appartient, comme il importe, de prendre les mesures nécessaires pour le sauvegarder et se le distribuer. C'est encore là ce qui a lieu, d'une façon trop restreinte avec des formalités gênantes, alors qu'on appelle les créanciers à s'assembler pour présenter des syndics, et se prononcer sur le concordat, l'union et l'excusabilité.

La seule innovation réelle qu'il s'agit d'adopter, c'est de renverser l'ordre de la procédure en vigueur, en appelant tout d'abord les créanciers à délibérer sur la situation du débiteur, et en tenant celui-ci, jusqu'à leur verdict, sauf de toute flétrissure ; il ne sera, après cela, déclaré failli et flétri, qu'autant qu'ils l'auront jugé indigne de tout intérêt. Il s'agit donc bien moins ici de forcer les mœurs à se plier à une réforme que de les suivre dans leur tendance, et il est si vrai que la revision de la loi sur les faillites est une mesure d'une incontestable nécessité, que, de tous côtés, non seulement en France, mais encore à l'étranger, en Angleterre, en Belgique, au Canada, etc., elle est depuis des années sérieusement étudiée et instamment réclamée.

IV.

Par les considérations qui viennent d'être développées, le Comité central des Chambres syndicales est entièrement convaincu qu'il est du plus grand intérêt pour la masse des créanciers, aussi bien que pour le commerçant dont les affaires sont embarrassées, d'éviter la déclaration immédiate de la faillite, et qu'il est plus rationnel de tenter auparavant l'adoption d'un concordat ou arrangement amiable, qui n'est, dans l'état des choses, essayée qu'après la prononciation de la faillite.

En conséquence, il émet le vœu que la législation en matière de faillite soit modifiée conformément aux indications suivantes :

§ 1er. — DU SURSIS ET DE SA PROCÉDURE.

1° Tout commerçant qui se trouverait dans l'impossibilité de faire face à ses engagements serait tenu d'adresser immédiatement au Président du tribunal de commerce, dans le ressort duquel il est domicilié, une requête tendant à obtenir un sursis à toutes poursuites, aux fins d'entrer en arrangement avec ses créanciers. Il pourrait encore recourir à cette mesure, dans les trois jours de l'assignation, dans le cas où il serait poursuivi en paiement d'effets protestés ou en déclaration de faillite.

2° Tout créancier d'un commerçant dans la situation susindiquée pourrait exercer le même droit ;

3° Dans les trois jours de la requête, le Président du tribunal qui en aurait été saisi rendrait une ordonnance de sursis, en vertu de laquelle toutes actions ayant pour objet des affaires commerciales, formées ou qui pourraient être formées contre le débiteur intéressé, seraient suspendues, pour un délai à déterminer, lequel pourrait être prorogé à son expiration sur la demande des créanciers assemblés.

Par l'ordonnance de sursis, le Président ordonnerait toutes les mesures qu'il jugerait nécessaires pour la conservation de l'actif du débiteur ;

4° Ce sursis obtenu, un juge qui serait délégué par le Président dans l'ordonnance même de sursis, veillerait à la convocation des créanciers chirographaires du commerçant *de cujus*, et présiderait les assemblées ;

5° Dans la première assemblée des créanciers, si elle compte la moitié au moins des créanciers connus, réunissant en leurs mains les deux tiers au moins des créances composant le passif, il serait procédé à l'afffirmation des créances ;

après quoi tous les créanciers affirmés procéderaient, à la majorité relative, à la nomination 1º de un ou plusieurs commissaires choisis entre eux ; 2º et d'un expert comptable.

Dans le cas où les créanciers ne seraient pas présents ou représentés en nombre suffisant, il serait procédé à ces mêmes opérations dans une seconde assemblée, convoquée à huitaine, laquelle serait valablement constituée quel que soit le nombre des créanciers présents ou représentés, et quelle que soit la somme qu'ils représenteraient ;

6º A quinze jours de cette première ou deuxième assemblée au plus tard, une autre assemblée desdits créanciers serait convoquée, afin qu'après avoir entendu le compte rendu et l'avis des commissaires basés sur le rapport de l'expert comptable, et après avoir procédé à l'admission définitive des créances vérifiées, elle ait à se prononcer sur les points suivants :

1º Y a-t-il lieu d'accorder au débiteur les remises et atermoiements demandés, soit par lui, soit en son nom, ou les conditions proposées par les commissaires ?

2º En cas de négative, y a-t-il lieu de procéder à la liquidation des affaires du débiteur ?

Selon que l'une ou l'autre de ces questions serait résolue affirmativement, l'assemblée nommerait un ou plusieurs commissaires pour surveiller, dans le premier cas, l'exécution de l'arrangement amiable qui serait la conséquence de la décision prise, et dans le second, la liquidation ;

7º Les deux questions étant résolues négativement, le débiteur perdrait le bénéfice de l'ordonnance de sursis, chaque créancier rentrerait alors dans l'exercice pur et simple de ses droits, et la faillite pourrait être immédiatement déclarée ;

8º Ne voteraient dans cette dernière assemblée que les créanciers vérifiés et admis ; et les délibérations qui y seraient prises engageraient tous les créanciers, les absents comme les présents, pourvu qu'elles soient prises à la majorité absolue des membres présents, et que leurs créances représentent les deux tiers des sommes composant le passif vérifié ;

9º Les délibérations accordant remises et atermoiements ne pourraient être exécutées qu'après homologation du Tribunal, poursuivie par les commissaires, et prononcée sur le rapport du juge délégué.

10º Le Tribunal ne pourrait refuser d'homologuer les résolutions des créanciers que dans les cas suivants :

1º Si les conditions de l'arrangement amiable sont contraires à la loi ; 2º si les votes des assemblées sont entachées d'irrégularités ; 3º si des faits graves survenus à la connaissance du Tribunal sont de nature à incriminer la conduite du débiteur ;

11º Le jugement d'homologation étant publié dans les formes légales, ne serait pas susceptible d'opposition et serait exécutoire nonobstant appel.

§ 2. — Effets de l'arrangement amiable.

12º Par le fait de l'accomplissement des conditions de l'arrangement amiable, ainsi que par le fait de la liquidation, à défaut d'arrangement, le débiteur légalement déchargé à l'égard de tous ses créanciers ne pourrait être recherché par aucun d'eux, à raison de créances antérieures aux délibérations relatives à l'arrangement ou à la liquidation.

Mais, tant qu'il n'aurait pas rempli les conditions de l'arrangement amiable contracté avec ses créanciers, le débiteur ne pourrait vendre ni hypothéquer ses immeubles, sans une autorisation du juge délégué, et à la charge de verser ou de déléguer le montant du prix de l'emprunt à la masse de ses créanciers.

Si le débiteur revient à bonne fortune, son devoir strict est de désintéresser entièrement ses créanciers ; mais ce n'est là qu'une obligation purement morale qui ne peut donner ouverture à aucune action ;

13° Seraient nuls et sans effet, relativement à la masse des créanciers, tous actes faits durant la période écoulée entre la date de la réquête aux fins de sursis et celle du jugement d'homologation ;

14° Si le débiteur ne remplissait pas les engagements pris par lui, les commissaires chargés de la surveillance de sa gestion provoqueraient la convocation d'une assemblée de créanciers.

Cette assemblée pourrait, selon les cas, déclarer le débiteur déchu du bénéfice de l'arrangement amiable.

Après quoi, elle déciderait soit qu'il serait procédé à la liquidation de ses affaires, soit que la déclaration de faillite serait provoquée par les commissaires.

Cette délibération serait prise dans les mêmes conditions que celles indiquées sous le n° 8.

<h3 style="text-align:center">§ 3. — Observations finales.</h3>

15° Nous n'avons pas cru utile d'entrer ici dans les détails de la procédure à établir relativement aux formes et délais à observer dans la convocation et la tenue des assemblées, ni sur divers autres points secondaires à régler entre le débiteur et ses créanciers, n'ayant entendu indiquer que les lignes principales de la réforme sollicitée (1) ;

16° La déclaration de faillite et ses effets ne devant plus atteindre que le débiteur qui n'a pas été trouvé digne de l'intérêt de ses créanciers, les dispositions du Code de commerce, en matière de faillite, ne sauraient plus être considérées comme comportant une rigueur excessive ; elles ne devraient être modifiées que sur quelques points, pour être mises en harmonie avec les dispositions relatives au sursis et à l'arrangement amiable (2). Toutefois, le Comité central juge utile de signaler particulièrement comme étant à ses yeux de la plus haute importance, une addition à faire à l'art. 543 du Code de commerce ; il s'agit d'accorder au Tribunal de commerce, le pouvoir soit de déclarer, dans le jugement déclaratif de faillite, s'il est suffisamment édifié sur la moralité du failli, que le failli serait maintenu dans tous ses droits civils et civiques, soit de le relever par jugement postérieur des incapacités dont il aurait été frappé par le Code de commerce ou les lois spéciales, à raison de son état de faillite.

---

(1) Voir, page 7, le travail complémentaire qui donne, sous la forme d'une sorte de projet de loi, toutes les dispositions nécessaires pour réaliser la réforme dont il s'agit, et, par conséquent, règle les détails de procédure et les points secondaires.

(2) Ces dispositions sont citées dans le travail annexé. Ce sont les articles 437, 438, 439, 440, 441, 442, 443, 504 à 541 inclus, du Code de commerce.

Telles sont les principales modifications qui ont paru au Comité central des Chambres syndicales devoir, par leur ensemble, remédier heureusement aux vices et aux lacunes du régime actuel des faillites.

Le Comité central a l'honneur de les soumettre à la haute appréciation du Gouvernement, dans l'espoir qu'il reconnaîtra que ces modifications mettront cette partie importante de notre législation commerciale plus en harmonie avec les besoins actuels du commerce et le progrès des mœurs à notre époque ; puisque, par ce moyen, on arriverait à protéger, d'une manière tout à la fois plus équitable et plus efficace, les intérêts légitimes du débiteur, en même temps que l'on sauvegarderait, dans une égale mesure, les intérêts pour le moins tout aussi respectables de la masse de ses créanciers.

PROJET DE DISPOSITIONS RÉGLANT LES DIVERS POINTS DE RÉFORME
ADOPTÉ PAR LE COMITÉ CENTRAL.

SECTION Ire. — *Procédure du sursis.*

I. — Tout commerçant, qui par n'importe quelle cause, se trouve dans l'impossibilité de remplir ses engagements, doit immédiatement adresser au Président du tribunal de commerce, dans le ressort duquel il est domicilié, une requête tendant à obtenir un sursis à toutes poursuites, aux fins d'entrer en arrangement avec ses créanciers.

II. — Si le commerçant qui n'a pu faire face à ses engagements est, avant d'avoir eu recours à cette mesure, poursuivi en paiements d'effets de commerce protestés, ou en déclaration de faillite, ce commerçant peut encore, dans les trois jours de l'assignation, présenter la requête en sursis au Président du tribunal devant lequel l'action est portée ; tout créancier dudit commerçant peut exercer le même droit.

Ces dispositions s'appliquent également aux sociétés.

III. — Cette requête à fins de sursis, lorsqu'elle est présentée par le commerçant débiteur, doit être accompagnée :

1° De l'exposé sommaire des causes qui ont amené celui-ci à solliciter un arrangement ;

2° De l'état détaillé et estimatif de son actif ;

3° De la liste nominative de ses créanciers, avec l'indication du montant de chaque créance ;

4° D'un exposé des conditions de l'arrangement proposé et des moyens et garanties de l'exécution ;

5° Enfin du récépissé d'un dépôt au greffe de somme suffisante, afin de couvrir les frais présumés nécessaires pour les convocations et réunions des créanciers, ainsi que pour ceux d'inventaire, d'expertise et de vérification.

Si la requête concerne une société, elle est présentée par le gérant ou le directeur de cette société, et est accompagnée, en outre des pièces ci-dessus, de l'acte constitutif de la société.

Lorsque la requête est présentée par un créancier, celui-ci devra y joindre :

1° La liste nominative des créanciers supposés ; 2° et un récépissé du dépôt au greffe de somme suffisante pour couvrir les frais susdits ; cette somme lui sera remboursée par privilège sur la masse commune, qu'il y ait soit arrangement, soit liquidation, soit faillite.

Le montant de la somme à déposer, dans ce cas comme dans celui prévu n° 5 ci-dessus, sera fixé par le Président du tribunal.

IV. — Dans les trois jours de la réception de cette requête, le Président du tribunal qui en aura été saisi rendra une ordonnance de sursis, en vertu de laquelle toutes poursuites ayant pour objet des affaires commerciales, formées ou qui pourraient être formées contre le débiteur intéressé, seront suspendues pour un délai qui ne pourra excéder trois mois, toutes choses restant en état. En cas de besoin, ce délai pourra être prorogé à son expiration, sur la demande de l'assemblée des créanciers. Par la même ordonnance, le Président, fixera les lieu, jour et heure auxquels, dans la quinzaine au plus tard, seront convoqués les créanciers, puis il désignera un membre de son tribunal, pour être chargé de la présidence des assemblées des créanciers et de la direction et surveillance des opérations qui en seront la suite.

Par l'ordonnance de sursis, le Président ordonnera les mesures qu'il jugera nécessaires, pour la conservation de l'actif du débiteur.

L'extrait de cette ordonnance sera publié, dans les vingt-quatre heures, dans les journaux indiqués par le Président, en son ordonnance. Cet extrait contiendra les nom et domicile du débiteur, le nom du juge délégué, et la date de la première assemblée.

Section II. — *Convocation, tenue et délibérations des assemblées générales.*

V. — Le juge délégué fera, sans retard, convoquer par le greffier du tribunal les créanciers chirographaires ordinaires du débiteur, aux lieu, jour et heure fixés.

Cette première convocation aura lieu par lettres individuelles mises et recommandées à la poste, dix jours au moins avant la date fixée par l'assemblée.

Toutes les autres convocations auront lieu par lettres ordinaires mises à la poste, cinq jours au moins avant le jour de l'assemblée.

Mais toutes les convocations, sans exception, seront publiées, cinq jours au moins à l'avance, dans les journaux désignés par l'ordonnance du Président.

Les créanciers hypothécaires, privilégiés ou nantis d'un gage, ne seront convoqués et ne prendront part à ces assemblées, avec voix délibérative, qu'autant qu'ils déclareront renoncer à leurs hypothèques, privilèges ou gages.

Le débiteur sera appelé à toutes les assemblées. Il pourra être entendu, dans ses explications, sur l'autorisation du juge-président. Sa présence ou son absence sera constatée ; mais il sera procédé aussi valablement en son absence qu'en sa présence.

VI. — Dans la première assemblée des créanciers, il sera procédé à l'appel nominal des créanciers ; après quoi il sera donné connaissance à l'assemblée, par le greffier assistant le juge-président, de la requête en sursis, des pièces y jointes et de l'ordonnance du Président du tribunal.

Ces formalités remplies, si l'assemblée compte la moitié au moins des créanciers connus, réunissant en leurs mains les deux tiers au moins des créances

composant le passif, elle est déclarée, par le juge-président, valablement constituée. Dans le cas contraire, elle est ajournée à huitaine.

Cette nouvelle assemblée devra être convoquée par lettres simples et au moyen
d'annonces publiées dans les journaux, cinq jours à l'avance, et elle sera valablement constituée quel que soit le nombre des créanciers présents ou représentés, et quelle que soit la somme qu'ils représenteraient.

Chaque créancier a le droit de se faire représenter aux assemblées par un
mandataire porteur d'un pouvoir régulier.

VII. — L'assemblée étant valablement constituée, dans l'un ou l'autre cas,
chacun des créanciers présents, ou dûment représentés, est nommément requis,
par le juge-président, d'affirmer la sincérité de sa qualité de créancier, et d'indiquer le chiffre de sa créance. Cela fait, tous les créanciers affirmés procèdent, à
la majorité relative, à la nomination : 1° de un ou plusieurs commissaires choisis
entre eux ; 2° et d'un expert comptable.

VIII. — L'expert comptable est chargé de vérifier, sous la direction et la surveillance de ou des commissaires, les écritures du débiteur et les titres des créanciers.

Le débiteur est obligé de se tenir à sa disposition, et de lui fournir tous les
renseignements et éclaircissements nécessaires, pour l'aider à remplir sa mission.

L'expert comptable devra, dans le délai le plus court, faire connaître aux commissaires, par un rapport détaillé, les résultats de sa vérification et la situation
exacte qui s'en dégage.

IX. — Les commissaires étant mis en possession de ce rapport devront en
instruire le juge délégué, qui fera convoquer pour être tenue à quinze jours de
date au plus tard, une nouvelle assemblée des créanciers.

Les commissaires qui, dans l'intervalle, auront examiné le rapport de l'expert
comptable et entendu, s'ils l'ont jugé convenable, le débiteur dans ses explications, rendront compte de leur examen, feront connaître leur appréciation, relativement à la vérification des créances, à la situation du débiteur et à sa capa-
cité et moralité commerciales ; ils donneront, en outre, leur avis sur les résolutions à prendre au sujet des propositions du débiteur, s'il en a présenté, et, dans
le cas de rejet de ces propositions, ou s'il n'en a pas présenté, au sujet des mesures à adopter dans l'intérêt commun.

X. — L'assemblée, ayant entendu le compte rendu et l'avis des commissaires,
procédera d'abord à l'admission définitive des créanciers vérifiés et reconnus
sincères. Ensuite, elle statuera, après débats, sur les points suivants :

1° Y a-t-il lieu d'accorder au débiteur les remises et atermoiements demandés
soit par lui, soit en son nom, ou les conditions proposées par les commissaires ?

2° En cas de négative, y a-t-il lieu de procéder à la liquidation des affaires du
débiteur ?

XI. — L'une ou l'autre de ces questions étant résolues affirmativement, l'assemblée nommera un ou plusieurs commissaires pour surveiller, dans le premier cas, l'exécution par le débiteur, de l'arrangement amiable et, dans le
second cas, la liquidation. Elle désignera pour opérer la liquidation le débiteur
lui-même ou telle autre personne qu'elle jugera convenable, en lui conférant

tous les pouvoirs nécessaires pour remplir son mandat au mieux des intérêts communs.

XII. — Si les deux questions sont résolues négativement, le débiteur perd le bénéfice de l'ordonnance de sursis; chaque créancier rentre dans l'exercice pur et simple de ses droits; et la faillite pourra être immédiatement déclarée.

XIII. — Ne pourront voter, dans la dernière assemblée susdite, que les créanciers qui auront été vérifiés et admis.

Toute délibération sera prise à la majorité absolue des membres présents, pourvu que leurs créances représentent les deux tiers des sommes figurant au passif vérifié du débiteur. Ces délibérations engagent tous les créanciers, les absents comme les présents.

XIV. — Le procès-verbal constatant la délibération définitive des créanciers, qu'elle admette ou rejette tout arrangement, même la liquidation prévue par l'article 11, mentionnera : 1º les noms des créanciers adhérents et non adhérents, avec l'indication du montant et de la nature de leurs créances; 2º les contestations qui auront été soulevées et les décisions auxquelles elles auront donné lieu.

Les pièces produites au sujet de ces contestations, tant par le débiteur que par les créanciers, seront annexées audit procès-verbal.

XV. — Le procès-verbal susdit et les pièces y annexées seront immédiatement déposés au greffe du tribunal, et tenus à la disposition de tous les intéressés qui voudront en prendre connaissance. Chacun d'eux pourra, dans la huitaine de la date de la dernière assemblée, produire au greffe toute demande ou opposition avec les pièces à l'appui. Passé ce délai, tout créancier opposant, qu'il ait été présent aux assemblées ou absent, sera déchu de ses droits.

XVI. Les délibérations accordant remises et atermoiements, ou prescrivant la liquidation, ne pourront être exécutées qu'après homologation du Tribunal, laquelle sera poursuivie à la requête et diligence des commissaires.

XVII. — Le juge délégué devra faire son rapport au Tribunal, au plus tard à l'expiration de la quinzaine qui suivra la délibération définitive des créanciers, et le jugement qui statuera sur ce rapport, ainsi que sur la délibération des créanciers, et sur les demandes et contestations qu'elle aura provoquées, devra être rendu dans la quinzaine suivante.

Les commissaires, les créanciers opposants et le débiteur seront entendus par le Tribunal qui statuera, par un seul et même jugement, sur les contestations et sur l'homologation.

XVIII. — Le Tribunal ne pourra refuser d'homologuer les résolutions des créanciers que dans les cas suivants : 1º si les conditions faites par les créanciers au débiteur sont contraires à la loi; 2º si les votes des assemblées sont entachés d'irrégularité ; 3º si des faits graves survenus à la connaissance du Tribunal sont de nature à incriminer la conduite du débiteur.

XIX. — Le jugement d'homologation sera publié par extrait dans les journaux désignés article IV, et ne sera pas susceptible d'opposition, il sera exécutoire nonobstant appel.

XX. — Dans le délai de quinze jours à compter de sa publication, appel de ce jugement pourra être interjeté : 1º par les créanciers non convoqués; 2º par ceux qui auraient voté contre les résolutions adoptées par l'assemblée des créanciers ; 3º et par le débiteur. Ce délai expiré, l'appel ne sera plus recevable.

Section III. — *Effets de l'arrangement amiable.*

XXI. — Le débiteur, tant qu'il n'a pas rempli les conditions de l'arrangement amiable contracté avec ses créanciers, ne peut vendre ni hypothéquer ses immeubles, sans une autorisation du juge délégué, et, même dans ce cas, il ne le peut faire qu'à la charge de verser ou de déléguer le montant du prix ou de l'emprunt à la masse de ses créanciers. S'il contrevient à cette obligation, il pourra être poursuivi pour abus de confiance, et sera passible des peines édictées par l'article 405 du Code pénal.

XXII. — Par le fait de l'accomplissement des conditions de l'arrangement qui lui aura été consenti, ainsi que par le fait de la liquidation ordonnée à défaut d'arrangement, le débiteur sera légalement déchargé à l'égard de tous ses créanciers, et ne pourra plus être recherché par eux, à raison de créances antérieures à l'homologation des délibérations relatives a l'arrangement ou à la liquidation

XXIII. — Sont nuls et sans effet, relativement à la masse des créanciers, tous les actes et paiements de quelque nature qu'ils soient et pour quelque cause qu'ils aient été faits, s'ils ont été effectués durant la période écoulée entre la date de la requête du débiteur aux fins de sursis et celle du jugement homologuant les résolutions prises par les assemblées de créanciers.

XXIV. — Si dans les opérations auxquelles se sont livrés les commissaires, ceux-ci découvrent des actes ou paiements qui paraîtraient entachés de fraude où même d'irrégularité, l'assemblée générale des créanciers, à laquelle ils devront être signalés, pourra en demander la nullité, bien qu'ils aient été faits antérieurement à la requête en sursis. Il sera statué sur cette demande par le Tribunal, après avoir entendu le juge délégué, et cela, en même temps que sur les autres contestations et sur l'homologation.

Section IV. — *Dispositions complémentaires.*

XXV. — Lorsque le débiteur qui a obtenu de ses créanciers le bénéfice de remises et d'atermoiements ne remplit pas les engagements qu'il a pris, les commissaires chargés de surveiller sa gestion doivent adresser au Président du Tribunal une requête à l'effet de convoquer les créanciers qui ont concouru à l'arrangement. Le Président du tribunal désignera un juge pour faire la convocation et présider l'assemblée des créanciers.

XXVI. — Cette assemblée sera convoquée dans la même forme que les précédentes, le débiteur y sera appelé et entendu. S'il est constaté que le débiteur a laissé plus d'un mois en souffrance le paiement d'un seul dividende annuel, et de deux, dans le cas où les dividendes sont mensuels, trimestriels ou semestriels, et qu'il ne puisse justifier ce défaut de paiement, par un cas de force majeure, l'assemblée pourra le déclarer déchu du bénéfice de l'arrangement qu'il avait obtenu, et décider soit qu'il sera procédé à la liquidation de ses affaires, ce qui aurait lieu dans les formes indiquées art. XI, soit que la déclaration de faillite sera provoquée par les commissaires.

Les délibérations de cette dernière assemblée seront, comme les précédentes, soumises à l'homologation du Tribunal.

S'il était révélé par les commissaires des faits à la charge du débiteur qui entacheraient sa probité commerciale, et couvriraient des actes frauduleux ou criminels, procès-verbal en serait dressé et transmis au Président du tribunal.

XXVII. — Les commissaires représentant, en tout état de cause, la masse des créanciers, ont tous pouvoirs pour agir en son nom, soit dans les mesures conservatoires à prendre, soit dans les actions à diriger ou à suivre.

Leurs fonctions sont gratuites, mais ils ont droit au remboursement de leurs déboursés, lesquels seront pris par privilège sur l'actif du débiteur.

XXVIII. — Les experts, comptables ou autres, qui auront été employés à la vérification ou au contrôle des actes du débiteur, recevront une rétribution qui sera taxée par le juge chargé de présider aux opérations.

XXIX. — Les commissaires rendront compte des opérations relevant de leur mission, deux fois au moins par an. A la clôture desdites opérations, ils présenteront un compte rendu général à l'assemblée des créanciers, qui leur donnera, s'il y a lieu, décharge de leur mandat.

SECTION V. — *Modifications aux dispositions relatives à la faillite.*

Art. 437 du Code de commerce. (A modifier comme il suit : — Est en état de faillite tout commerçant qui cesse ses paiements et qui n'a pas obtenu de ses créanciers un arrangement lui accordant soit des remises ou des atermoiements, soit le bénéfice d'une liquidation).

Art. 438 et 439. — (Ces deux articles sont annulés, ils sont relatifs à la déclaration de cessation de paiement et au dépôt du bilan).

Art. 440. (A modifier comme il suit : La faillite est déclarée par jugement du Tribunal de commerce, rendu soit d'office, soit à la requête d'un ou de plusieurs créanciers. Ce jugement sera exécutoire provisoirement).

Art. 441 et 442 inclus. (Comme au Code).

Art. 443. (Comme au Code), avec l'addition suivante :

Le Tribunal pourra, s'il est suffisamment édifié sur la moralité du failli, le maintenir, par le jugement déclaratif de la faillite, dans tous ses droits civils et civiques, sans exception; il pourra également le relever, par jugement postérieur, de toutes les incapacités dont il serait frappé par le Code de commerce ou par les lois spéciales, à raison de son état de failli.

Art. 444 à 503 inclus. (Comme au Code).

Art. 504 et 541 inclus. (Supprimés comme étant relatifs au Concordat et à l'Union qui disparaissent dans le nouveau régime).

Art. 542 à 614. (Comme au Code).

Le document qui précède a été adressé à la Section de législation du Conseil d'État chargée de préparer un projet de loi sur la revision de la loi des faillites. A la suite de cette communication, MM. Ch. Dubois, président, et J.-L. Havard, secrétaire perpétuel du Comité central, furent appelés devant ladite Section, et, dans l'audience qui leur fut donnée le 24 avril 1882, ils eurent à répondre à plusieurs questions et observations. MM. Ch. Dubois et J.-L. Havard ont rendu compte de cette audience au Comité central, dans sa séance du 27 du même mois.

Nous extrayons de ce compte rendu les parties qui peuvent fournir quelques éclaircissements sur le sujet qui nous occupe, c'est-à-dire principalement les questions posées et les réponses qui y ont été faites :

On a vu que le fond du système du Comité central consiste principalement à renverser l'ordre des deux principaux chapitres du Code de commerce, en donnant au chapitre VI, qui traite du Concordat et de l'Union, le pas sur le chapitre Ier, qui règle l'état de faillite. A ce sujet, M. Courcelle-Seneuil, rapporteur de la Section, a fait cette judicieuse observation :

« Vous considérez, a-t-il dit, tous les débiteurs qui succombent comme innocents, sauf à rechercher ceux d'entre eux qui sont coupables. La loi actuelle sur les faillites, tout au contraire, les considère *a priori* tous comme coupables. Mais, reste à savoir, a-t-il ajouté, s'il n'y a en réalité pas plus de coupables que d'innocents. »

Nous n'avons pas eu, porte le compte rendu, à répondre à l'appréciation qui est juste, et, quant à la réflexion, nous l'avons acceptée, avec cette pensée que M. le Rapporteur n'entendait point en faire un argument contre notre système d'interversion : il est trop de son temps pour être partisan de toute mesure qui rappellerait ce mot impitoyable : « Frappez-les tous, Dieu reconnaîtra les siens » ; car dans nos mœurs modernes, on estime que mieux vaut épargner par inconscience cent coupables que de sacrifier un innocent.

M. le Président nous a ensuite demandé si nous entendions que les formalités du sursis fussent soumises à l'autorité du Tribunal consulaire, cela lui paraissant indispensable, dès que les délibérations des assemblées, prises à la majorité, devaient engager la minorité ; puis, si nous exigions pour la validité de ces délibérations, la présence d'un nombre obligatoire de créanciers représentant une quotité en somme également déterminée.

Notre réponse a naturellement été affirmative sur les deux points.

M. le Rapporteur, qui nous a fait l'honneur de lire nos travaux avec une telle attention qu'il nous a paru en posséder tous les détails, nous a fait observer que, dans le projet que nous avions formulé, nous avons bien eu le soin d'établir une procédure pour le sursis ; mais que, pour le cas où le sursis n'aboutissait pas à un arrangement amiable, nous renvoyions créanciers et débiteurs à la loi sur les faillites. En quoi, a-t-il dit, vous soumettez toute faillite, en ce cas, aux lenteurs et aux frais de deux procédures. Ne conviendrait-il pas mieux de fondre ces deux procédures en une seule ; d'autant plus que les préliminaires ne peuvent être que les mêmes dans l'un et l'autre cas ?

Nous avons répondu que, loin de chercher à compliquer la procédure, notre plus grand désir est de la voir simplifier et réduire à sa plus simple expression ; que nous reconnaissions la justesse de la critique, et qu'il fallait attribuer la complication reprochée uniquement à ce que nous avons été en réalité tellement préoccupés par l'idée d'établir le sursis et l'arrangement préalable à la mise en faillite, que nous nous sommes laissé absorber par le soin de régler la procédure de cette première partie. Il est vrai que, du moment où le débiteur était déclaré indigne, nous nous en désintéressions entièrement et l'abandonnions à toutes les rigueurs de la législation sur les faillites, dont nous serions plus disposés à désirer l'aggravation que l'atténuation.

Nous avons été aussi questionnés sur l'opinion dominante dans le Commerce, relativement à l'institution des Syndics.

Nous avons dû dire qu'elle leur était généralement défavorable ; qu'on reprochait à la plupart de ne pas montrer pour les intérêts qui leur sont confiés tout le respect que commande leur mission, en les subordonnant trop souvent aux leurs propres, et de ne pas avoir, pour renseigner les créanciers sur la situation des affaires de la faillite, tout l'empressement et tout le soin qu'on est en droit d'attendre d'un mandataire salarié.

Nous avons dit que nous attribuions ces procédés regrettables des Syndics à la trop grande indépendance dans laquelle ils sont à l'égard des créanciers, indépendance qui s'est encore accrue sous l'influence de la mesure qui en a fait, en ces derniers temps, une sorte de corporation ; que ce sont là les principaux motifs qui nous ont fait proposer leur suppression et leur remplacement par des Commissaires assistés d'un expert comptable choisi par les créanciers.

M. le Rapporteur nous a fait remarquer que le régime que nous proposions était autrefois en vigueur, sous l'ordonnance de 1673, et qu'il a donné lieu à de si nombreux abus, que l'on a regardé comme un bienfait l'institution des Syndics, introduite par le Code de Commerce.

Un autre membre de la Section a, en outre, fait remarquer qu'il était à craindre que l'on ne trouvât pas beaucoup de négociants qui consentissent à accepter ou qui s'appliquassent à remplir exactement la charge de Commissaire.

Sur le premier point, notre réponse a été que nous n'acceptions pas le précédent, cité par M. le Rapporteur, comme un argument décisif, attendu que l'expérience faite de l'institution des Syndics n'ayant pas été satisfaisante, resterait à faire la comparaison des abus nouveaux avec les abus anciens. — Et nous avons ajouté pour les deux observations que d'autres temps amenaient d'autres mœurs ; que les commerçants d'aujourd'hui ne pouvaient être comparés, sous aucun rapport, aux commerçants du siècle dernier ; que les Chambres syndicales avaient à cet égard singulièrement modifié les mœurs commerciales ; qu'on y trouvait plus d'instruction, plus de dévouement à la chose publique ; et j'ai invoqué, comme preuve, les travaux auxquels se livrent les membres des Chambres syndicales et le temps qu'ils consacrent, avec un entier désintéressement, à l'examen des questions d'un intérêt général.

Un des Messieurs les maîtres de requête nous a demandé si les commerçants verraient avec satisfaction les Syndics placés sous la surveillance et le contrôle du Ministère public ?

Nous avons répondu que, personnellement et à première vue, nous n'avions rien à objecter contre une telle mesure ; que, cependant, il nous serait difficile de dire si l'adoption en serait regardée d'un œil favorable par tous les commerçants. Il nous semble même, avons-nous ajouté, qu'il y aurait à craindre l'opposition des Tribunaux de commerce, lesquels ne verraient pas sans ombrage le parquet partager leur autorité sur les Syndics, principalement à Paris, où les Syndics sont organisés et astreints à un service de comptabilité que l'on regarde comme parfaitement conçu, et dont la création est encore citée comme un des plus beaux souvenirs que M. Devinck ait laissé de son passage à la Présidence (1).

Quelques autres questions secondaires nous ont ensuite été posées.

M. le Président nous a demandé si le Comité central est en correspondance avec des Chambres syndicales des départements et connaît leur sentiment sur la question des faillites.

M. le président Ch. Dubois s'est justement trouvé en mesure de répondre à ce sujet. Les membres et adhérents de la Chambre syndicale des cristalleries et verreries de France, dont j'ai l'honneur d'être le Président, a-t-il dit, sont, pour le plus grand nombre, établis dans les départements ; or, j'ai présidé ces jours derniers une réunion de ma Chambre, et tous ses membres se sont montrés en pleine communauté d'idées sur cette matière avec le Comité central des Chambres syndicales.

Un membre de la Section s'est enquis de ce que nous pensions relativement au pouvoir

---

(1) Cette comptabilité, qui depuis 30 ans fonctionne au greffe du tribunal de commerce de Paris, a été appliquée à tous les tribunaux de France jugeant commercialement, par un décret du 25 mars 1880.

attribué au Tribunal de déterminer l'époque à laquelle la déclaration de faillite doit produire ses effets ; il nous a demandé si nous ne serions point partisans de fixer un terme au delà duquel il ne serait pas permis de les faire remonter, ainsi que cela a lieu en Allemagne, en Belgique et en Angleterre, pays qui ont fixé ce délai, le premier à quarante jours, le second à six mois, le troisième à douze mois.

Nous n'avons donné à cet égard que notre opinion toute personnelle. Il nous semble, avons-nous dit, que, comme il s'agit d'atteindre des actes faits en fraude des droits des créanciers, il y a un grand intérêt moral à ne pas trop restreindre les facultés du Tribunal.

Enfin, on nous a demandé ce que l'on penserait dans le Commerce de l'abolition pure et simple de la faillite ; nous avons cru devoir dire que les plus éclairés des commerçants attacheraient peu d'importance à la suppression du mot *faillite*, si le débiteur malhonnête pouvait être atteint par des mesures plus efficaces ; mais que beaucoup ne verraient peut-être pas une réforme aussi radicale sans quelque inquiétude.

Après avoir entendu le compte rendu dont on vient de lire les parties utiles à connaître pour l'intelligence de ce qui va suivre, le Comité central a donné son approbation aux réponses faites par ses représentants ; ensuite il y a eu un échange d'observations entre ceux-ci et des membres du Comité central sur la nécessité d'étendre la loi des faillites aux dettes purement civiles.

Le Secrétaire perpétuel a dit à ce sujet que la proposition de loi déposée à la Chambre des députés par M. Saint-Martin, touche ce côté de la réforme, dans une certaine mesure, et il a proposé au Comité central de nommer une commission chargée d'examiner cette proposition dans tous ses détails, afin de reconnaître les dispositions qui paraîtraient devoir être appuyées.

Cette proposition a été adoptée à l'unanimité, et ont été nommés pour composer la Commission : MM. Fréd. Lévy, Havard et Saglier, membres de l'ancienne Commission, et MM. Flobert, Huret-Belvalette et C. Legriel.

Cette Commission s'est mise immédiatement à l'œuvre et, dans la séance suivante (25 mai), il a été lu, en son nom par M. J.-L. Havard, le Rapport dont nous publions ci-après le texte.

RAPPORT

sur la Proposition de loi présentée à la Chambre des députés par M. Saint-Martin et plusieurs de ses collègues relativement à la Réforme de la loi sur les Faillites.

Messieurs,

Votre Commission a été chargée par le Comité central des chambres syndicales d'examiner la proposition de loi déposée par M. Saint-Martin et plusieurs de ses collègues à la

Chambre des députés (1), afin de comparer le système de réforme qu'elle comporte, à celui présenté par le Comité central, puis de distinguer les dispositions qui doivent être appuyées, de celles qu'il serait utile de repousser, et enfin d'examiner s'il y a lieu de maintenir la distinction établie par la loi des faillites entre les dettes commerciales et les dettes civiles.

I.

Dans la proposition Saint-Martin, l'état de faillite est supprimé : le commerçant qui est arrêté dans ses opérations commerciales, parce qu'il ne peut plus faire honneur à ses engagements, est d'abord déclaré en état de cessation de paiements ; puis, et selon les cas, il peut être déclaré banqueroutier simple ou banqueroutier frauduleux.

Ce premier point de la réforme donne satisfaction au sentiment depuis longtemps exprimé sur l'excessive rigueur du Code de commerce, dans les dispositions par lesquelles il flétrit du nom de failli, et frappe de pénalités graves, le commerçant qui, trompé dans ses calculs ou dans ses espérances, se trouve forcé de suspendre ses paiements. M. Saint-Martin et ses collègues se sont ici rencontrés avec le Comité central ; toutefois, c'est seulement sur la nécessité d'une amélioration à ce dur régime que l'accord existe ; car il y a des différences essentielles dans les moyens de réaliser cette amélioration.

La principale consiste en ce que, par l'introduction de la formalité préalable du sursis, le Comité central, dans le projet qu'il a élaboré, établit un mode de procéder rapide qui permettra aux créanciers de se rendre promptement compte de la situation de leur débiteur, et de se concerter sur le parti que leurs intérêts leur commandent de prendre ; tandis que la proposition de M. Saint-Martin, sauf qu'elle supprime la déclaration d'office par le Tribunal, n'arrive au sursis et au concordat qu'après une série de formalités dont la plupart sont empruntées à la loi en vigueur.

Cela dit, nous abordons celles des dispositions de cette proposition qui paraissent devoir ou soulever des objections ou mériter votre adhésion.

II.

En première ligne, se trouve l'art. 21 ainsi conçu : « Est nul tout arrangement amiable intervenu entre le débiteur et ses créanciers ou une partie d'entre eux, sans que cet arrangement ait été précédé d'un jugement déclaratif de cessation de paiements, et sans que les formes prescrites par la loi pour l'obtention du sursis ou du concordat aient été observées. La nullité aura lieu même lorsque l'arrangement clandestin sera dissimulé sous la forme d'engagements réguliers, et elle sera prononcée sans préjudice des peines portées par la loi contre les auteurs et les complices de ces arrangements. »

C'est une aggravation apportée aux dispositions de la loi actuelle. Celle-ci interdit bien, en effet, tout arrangement amiable entre les créanciers et les débiteurs avant l'accomplissement des formalités préalables au concordat (art. 507 du Code de commerce) ; mais la déclaration de faillite qui fait partie de ces formalités est alors un fait accompli, et elle a dessaisi le failli de l'administration de ses biens (art. 443), puis frappé de nullité les engagements qu'il pourrait prendre (art. 446) ; or, tant que cette déclaration n'est point prononcée, rien ne s'oppose à ce que débiteurs et créanciers prennent tels arrangements que bon leur semble. La liberté des conventions est, en cela, scrupuleusement respectée. La proposition de M. Saint-Martin lui porte au contraire une violente atteinte.

On ne voit pas, d'ailleurs, l'utilité de cette grave infraction à un sage principe, et encore moins son efficacité ; car, de deux choses l'une, ou l'arrangement consenti par tous les créanciers sera fidèlement exécuté, et alors quelle nécessité d'en prononcer la nullité ; puis, à la requête de qui, et par quelle voie la prononcera-t-on ? Tout fait défaut, intérêt et action. Si, au contraire, il n'a pas été exécuté, eh bien, chaque créancier, rentrant

---

(1) Cette proposition, déposée le 15 juin 1880, a été rapportée le 15 novembre 1881.

dans ses droits, peut poursuivre le débiteur commun, et les choses suivront le cours ordinaire de telles actions.

Est-il nécessaire de parler du cas où il est fait un arrangement particulier en dehors de l'unanimité des créanciers ? Nous savons qu'un tel arrangement n'est respecté, en cas de faillite, qu'autant qu'il ne comporte aucune atteinte directe ou indirecte aux intérêts de la masse des créanciers.

Dans aucun cas, d'ailleurs, ces arrangements ne peuvent préjudicier aux droits des créanciers quand la faillite est déclarée, puisque l'époque de l'ouverture peut en être reportée de façon à faire rentrer dans l'actif du débiteur tout ce que leur exécution en aurait détourné (art. 441 et 446).

Cette disposition n'aurait donc d'autre effet que d'intimider les débiteurs et les créanciers, et de les empêcher ainsi de recourir aux arrangements amiables, tandis que l'on devrait, au contraire, les y encourager et les leur faciliter, parce que seuls y ont généralement recours, les débiteurs qui ont souci de leur honneur. C'est le double but auquel tend le projet adopté par le Comité central.

<h3 style="text-align:center">III.</h3>

Il ne faut pas toutefois induire de là que la proposition de M. Saint-Martin méconnaisse le sentiment qui nous a inspirés, non. D'abord elle soustrait le débiteur en cessation de paiement aux flétrissures qu'entraîne aujourd'hui la faillite ; puis, elle rend à ce sentiment un hommage non moins évident par son art. 17. En effet, elle interdit la publication du jugement déclaratif de cessation de paiements, si le débiteur reste chargé de l'administration de ses affaires et tant qu'il n'a pas été nommé de séquestre provisoire, ou que des actes blâmables ne l'ont pas motivée.

Le Comité central ne va pas aussi loin : s'il n'interdit point les arrangements particuliers antérieurs à la demande de sursis, il veut néanmoins que même l'ordonnance qui accorde ce sursis, soit portée à la connaissance du public dans les vingt-quatre heures.

Cette publicité paraît indispensable, aussi bien dans le système Saint-Martin que dans celui du Comité central. Si on ne la prescrit pas, on court le risque de favoriser la fraude, en même temps que de laisser dans l'ignorance de la nouvelle situation du débiteur, les créanciers que celui-ci, intentionnellement ou non, négligerait de désigner.

Cette seconde innovation ne semble donc pas plus admissible que la précédente, bien que péchant par un excès contraire.

<h3 style="text-align:center">IV.</h3>

L'art. 71, relatif à la tenue de la première assemblée, renferme un paragraphe qui nous a paru peu logique et en tout cas fort rigoureux : « Si les créanciers, porte-t-il, ne composent pas une majorité suffisante pour délibérer et que l'ajournement soit refusé, le débiteur sera de plein droit en liquidation forcée. »

Tout d'abord, on se demande comment, si les créanciers ne composent pas une majorité suffisante pour délibérer, il leur peut être concédé le pouvoir de refuser un ajournement au débiteur qui le sollicite ? Et, en second lieu, ne semble-t-il pas que refuser un ajournement, dans ces conditions, est un acte d'autant plus rigoureux qu'il ne s'agit encore, à cette phase de la procédure, que de créanciers présumés, et que leur refus entraîne la liquidation forcée ; or, la liquidation forcée est, ainsi que nous le verrons plus loin, une mesure bien autrement grave que l'union des créanciers qu'elle remplace dans la proposition Saint-Martin.

<h3 style="text-align:center">V.</h3>

« Dans les trois jours qui suivent la première assemblée des créanciers, dispose l'article 108, le débiteur doit déposer au greffe du Tribunal ses propositions de sursis ou de concordat et les conditions auxquelles il se soumet. »

Le sursis dont parle cet article n'a, ainsi qu'on l'a déjà fait pressentir, ni le même caractère ni les mêmes effets que le sursis proposé par le Comité central. Il n'a pas le même caractère en ce qu'il est demandé aux créanciers et accordé ou refusé par eux, après une première assemblée, et qu'il n'est qu'un incident de la procédure entamée; tandis que dans le projet du Comité central, le sursis est une mesure préalable à toute autre formalité, ordonnée par le président du tribunal, et qui a pour objet de permettre aux créanciers de prendre connaissance de la situation accusée par le débiteur commun, puis de s'entendre avec lui sans qu'aucun acte ne porte atteinte à la personne du débiteur, ni ne fasse en rien préjuger de sa situation.

Par suite de cela, le sursis n'a point les mêmes effets dans l'un et l'autre cas. Dans le projet du Comité central c'est une formalité préliminaire, comme on vient de le dire; tandis que la proposition de M. Saint-Martin n'admet le sursis que comme un temps d'arrêt dans les opérations. Et encore il est certaines actions dont il n'empêche pas la poursuite (art. 126).

Mais, ce qui est autrement grave, il ne peut être obtenu que s'il est justifié, par la vérification du bilan du débiteur, que celui-ci « a des moyens suffisants pour satisfaire tous ses créanciers, en principal, *intérêts et frais* » (art. 121). Puis à noter que le bénéfice du sursis ne passe pas de droit aux héritiers du débiteur auquel il a été accordé (art. 122), et qu'il ne peut être consenti pour un terme excédant une année du jour du jugement déclaratif de cessation de paiements. Il est vrai qu'il peut être prorogé par la décision d'une nouvelle assemblée de créanciers (art. 132); mais il peut aussi être révoqué en certains cas (art. 133).

Il suffit, selon nous, de peser avec un peu d'attention l'ensemble de ces dispositions pour reconnaître qu'entourer le sursis d'autant de difficultés, en vue d'aussi faibles résultats, c'est vouloir qu'un débiteur n'y ait jamais recours; car on voit bien les embarras dont il peut compliquer sa situation déjà difficile; mais on y cherche en vain le moindre avantage pour lui ou les siens.

VI.

Ce rigorisme de la proposition de M. Saint-Martin se manifeste, avec non moins d'énergie, au sujet du concordat.

« Est nul de plein droit, d'après l'art. 136, le concordat stipulant, au profit du débiteur, remise d'une partie de sa dette, ou stipulant un abandon d'actif avec ou sans obligation de payer certains dividendes sur les biens à venir, moyennant libération du surplus de la dette. »

Mais, si nous arrivons à la liquidation forcée, la situation du débiteur est vraiment rendue intolérable. Non seulement celui-ci peut être poursuivi sur les biens qui lui sont échus de quelque manière que ce soit, ce qui, dans la pensée des auteurs de la proposition, doit, bien qu'ils aient omis de le dire, impliquer ceux qu'il acquerra, mais encore il pourra être poursuivi sur son mobilier personnel s'il excède une valeur de 3,000 fr. et, en outre, « sur les salaires ou les émoluments qu'il tirera de sa profession ou de son industrie pour tout ce qui excédera annuellement 1500 fr., s'il est célibataire ou veuf sans enfants; 2,000 fr., s'il est marié, et 2,500 fr., s'il a plus de 3 enfants » (art. 160).

Le Comité central, dans son projet, a pour but principal de fortifier, au point de vue moral, le débiteur malheureux. Il a voulu lui offrir un moyen de s'arrêter dans la voie où il est entraîné par la mauvaise fortune, et de pouvoir le faire assez à temps pour sauver, avec son honneur, quelques épaves de son patrimoine qui le puissent aider à se relever. L'adoption de la proposition Saint-Martin aurait infailliblement pour résultat de décourager les plus honnêtes; car, aux obstacles de toute sorte dont elle hérisse le calvaire qu'elle les invite à gravir, elle ajoute encore l'interdiction de tout espoir sérieusement fondé de pouvoir, dans un avenir plus ou moins éloigné, reconquérir une situation à peu près sortable, sinon pour eux, au moins pour leurs enfants. C'est leur appliquer dans toute sa rigueur le *lasciate ogni speranza* de l'Enfer du Dante.

Le Comité central a pensé que le concordat ne devait pas être un mot vide de sens pour le débiteur malheureux ; qu'il importait que ce contrat, œuvre de concession et de miséricorde de la part des créanciers, fixât nettement et définitivement la situation du débiteur commun, aussi bien que la leur ; qu'il fallait que celui-ci, lorsqu'il a rempli exactement ses conditions concordataires, fût libéré entièrement, en laissant à sa conscience le soin de lui rappeler qu'il est de son devoir de désintéresser intégralement ses créanciers, dès qu'il est revenu à un état de fortune qui le lui permet. Cette solution nous a semblé plus humaine et plus pratique.

Admettre les dispositions de la proposition de M. Saint-Martin sur ce point, c'est condamner un malheureux débiteur à demeurer toute sa vie sous le coup de l'inquisition vexatoire des plus soupçonneux et des tracasseries arbitraires des plus malintentionnés ou des plus cupides de ses créanciers.

VII.

Il y a encore une disposition relative aux créanciers nommés commissaires ou liquidateurs qui ne paraît pas avoir été heureusement inspirée. L'article 118 engage leur responsabilité personnelle pour l'exécution des obligations prises par eux ou, avec leur autorisation, par le débiteur, lorsqu'elles excèdent l'actif. Ce n'est pas là un bon moyen d'encourager les créanciers à accepter les fonctions de commissaire ou de liquidateur, auxquelles le projet en question semble les appeler de préférence à tous autres, et qu'il est, en effet, désirable de leur voir remplir. Qu'ils soient soumis à la responsabilité du mandataire, c'est suffisant déjà pour en faire reculer beaucoup ; mais l'aggraver en spécifiant aussi absolument un fait qui peut n'être que le résultat de circonstances difficiles à prévoir, c'est, ce nous semble, beaucoup trop.

VIII.

Après avoir examiné les divers articles de la proposition de M. Saint-Martin qui ont des rapports avec ceux abordés par le Comité central dans son plan de réforme, il est quelques autres points qu'il importe de ne pas oublier.

Le Comité central n'a pas eu la pensée de présenter un projet de loi complet sur le régime des faillites ; il n'a eu que la seule ambition d'appeler l'attention du législateur sur une réforme urgente, ayant pour effet l'amélioration, en cette matière, des mœurs commerciales, par un examen préalable des intérêts en présence, afin d'assurer à ceux qui le méritent véritablement, la légitime protection à laquelle ils ont droit. Ayant indiqué par quels moyens il lui semblait que ce résultat peut être atteint, il s'est arrêté là, se reposant sur le législateur du soin de régler le sort du débiteur reconnu coupable par ses créanciers, et qu'ils abandonnent à la vindicte publique, en même temps que celui de chaque créancier, selon la valeur de ses titres et le mérite de ses actes.

M. Saint-Martin devait aller au delà, non seulement par suite de sa qualité de législateur, qui l'autorisait à transformer ses vues de réforme en proposition de loi ; mais encore par la nature des modifications qu'elle comporte.

En effet, tout le système du Comité central consiste à faire précéder la faillite d'une période pacifique dans laquelle les créanciers apprécient la conduite et les affaires de leur débiteur commun, afin d'arranger celles-ci au mieux des intérêts de tous ; tandis qu'il semble que le système de M. Saint-Martin ait principalement pour objet la substitution du mot *cessation de paiements* à celui de *faillite*, et quelques modifications plus ou moins importantes dans la procédure et les effets de la faillite. Il a donc dû, par suite de cela, aborder les questions des coobligés et cautions, des droits des femmes, des hypothèques et privilèges, de la revendication, de l'excusabilité, de la banqueroute simple, de la banqueroute frauduleuse et de la réhabilitation ; et enfin se livrer à la refonte de la procédure. C'est un travail complet qui ne comporte pas moins de 263 articles ; le Code n'en consacre à cette matière que 278.

IX.

Si, comme nous le croyons, le côté faible de notre législation est la place trop grande que l'on donne aux détails dans la rédaction de nos lois, au lieu de s'en tenir à fixer très nettement les principes, cette abondance de dispositions, dont le plus grand nombre est consacré à la procédure, est un inconvénient regrettable. On veut prévoir tous les cas, avec le désir de ne rien laisser à l'arbitraire du juge; c'est assurément une excellente intention, mais qui rarement atteint son but.

L'expérience nous indique tous les jours que non seulement la prévoyance humaine est singulièrement bornée, mais encore que l'imagination de l'homme par l'intérêt aiguillonné, est d'une infinie fécondité de ressources; de sorte que les précautions multiples à l'aide desquelles on veut prévenir des difficultés d'interprétation, ou même des actes réprouvés, ne font que provoquer les esprits retors à découvrir de nouveaux moyens d'échapper aux prescriptions de la loi. Si finement serrées que soient les mailles du filet, ils trouvent toujours moyen de glisser entre elles. Aussi peut-on affirmer, sans trop se tromper, que les formes de procédure à l'aide desquelles on prétend protéger le faible contre le fort, l'ingénu contre l'habile, vont tout à fait contre leur but : c'est l'habile et le fort qui seuls savent et peuvent profiter de leur existence.

C'est pourquoi si nous avons des vœux à former, nous devons, ce semble, demander que toute procédure, et principalement celle des faillites, soit réduite à sa plus simple expression. C'est ce qu'a tenté de réaliser le Comité central, dans le projet qu'il a adopté, pour tout ce qui regarde la première phase des opérations, c'est-à-dire jusqu'aux mesures à appliquer au débiteur reconnu indigne de toute concession de la part de ses créanciers.

X.

Le chapitre qui traite du droit des femmes est assurément très important, mais la question n'offre de l'intérêt que lorsque le débiteur est en état de faillite ouverte. Avant cela, tout se traitant amiablement, la condition légale est indifférente; c'est la convention consentie qui fait loi. La faillite étant déclarée, la discussion de ces droits est inévitable, et la loi reprend son empire. La proposition Saint-Martin, restreint les reprises de la femme à peu près aux seuls biens immeubles par elle apportés ou acquis à titre de remploi et à ceux qui lui sont échus; quant aux meubles et valeurs mobilières, la femme ne peut répéter que celles pour lesquelles elle prouvera son droit de propriété, lorsqu'ils se trouveront en nature, au jour de la déclaration de cessation de paiements.

Il ne paraît pas qu'il puisse s'élever dans le Commerce beaucoup de voix, pour protester contre cette réduction des droits des femmes; indépendamment de ce que la femme peut avoir été l'un des agents les plus actifs de la ruine du mari, ses reprises ne sont que trop souvent un des éléments de la fraude qui se pratique au détriment des créanciers. Enfin, n'y a-t-il pas équité à ce que la femme partage la mauvaise fortune de son époux, après avoir partagé avec lui les jouissances d'une vie plus ou moins large que leur ont facilitée la confiance de leurs créanciers?

XI.

Si les droits de la femme sont réduits, par contre, la revendication au profit des tiers a été largement étendue dans la proposition qui nous occupe.

Ainsi l'art. 209 applique aux effets entrés dans un compte courant, la revendication admise par l'art. 574 du Code de commerce. L'art. 210 fait jouir du même bénéfice les dépôts de sommes d'argent, en dehors de tout compte courant, lorsqu'il ont une affectation spéciale; quant aux marchandises déposées, achetées ou vendues et aux lettres de change et effets de commerce que motivent ces opérations, la proposition Saint-Martin renferme des prescriptions qui ont pour objet d'en faciliter la revendication. On a paru oublier qu'il s'agit là d'un droit qui frise le privilège et qui est une source féconde de fraude ; or, quelles que soient les précautions prises pour la prévenir ou la réprimer, il parait dangereux de lui donner l'extension que propose M. de Saint-Martin.

XII.

Il est enfin une modification qui répond aux préoccupations dont le Comité central a été entretenu dans sa dernière séance. On a fait observer que l'intérêt du plus grand nombre des branches de commerce et d'industrie exigerait qu'aucune distinction ne fût maintenue entre la dette commerciale et la dette civile, et que les créanciers pussent user du même traitement pour les deux catégories de créances.

Sans établir aussi nettement cette égalité en principe, la proposition Saint-Martin donne satisfaction à ce vœu dans une certaine mesure.

Par l'art. 2, les formes établies pour la liquidation forcée, lorsqu'elle est devenue nécessaire, sont applicables au non commerçant en déconfiture, aussi bien qu'au commerçant.

L'art. 135 permet qu'un sursis soit accordé également sans distinction à l'un comme à l'autre.

Enfin, quant au commerçant, l'art. 4 porte que, lorsque des actes d'exécution ont été faits sur ses biens, il n'y a pas lieu de distinguer, quant à leurs effets, si les poursuites ont été exercées pour une dette commerciale ou pour une dette civile.

Mais là s'arrête l'assimilation ; devons-nous demander qu'elle soit complétée ? C'est ce que vous avez à examiner.

Dans le monde commercial, on ne se rend pas bien compte de cette différence de traitement entre le commerçant et le non-commerçant. On ne la trouve pas d'une équité parfaite : l'on se demande pourquoi le débiteur qui manque a ses engagements, est flétri parce qu'il est commerçant, alors que le non-commerçant peut impunément n'en remplir aucun, même dans des circonstances où son improbité est évidente, sans encourir aucune pénalité, ni même la moindre déchéance. Il est incontestable qu'il y a là un dernier effet des préjugés qui ont si longtemps pesé sur le Commerce.

Alors que notre état politique admettait des classes supérieures, jouissant d'une foule de privilèges ; alors que les grands pouvaient liquider leurs dettes, en battant en quelque sorte monnaie sur le dos de leurs créanciers, il était dans les mœurs de n'estimer rien de trop rigoureux contre le commerçant qui devenait insolvable, surtout si on le trouvait coupable de mauvaise foi ou de fraude ; auquel cas, la loi du temps permettait de le condamner même à mort ; les mœurs s'adoucissant, cette peine était ordinairement commuée en celle des travaux forcés, après exposition au pilori.

Aujourd'hui, les commerçants qui font faillite ne sont plus, même lorsqu'ils sont condamnés comme banqueroutiers, exposés à de pareilles pénalités ; nous travaillons, en outre à faire que les flétrissures qui y ont été substituées, soient effacées en faveur du commerçant insolvable demeuré honnête homme, réservant, pour le débiteur d'une notoire improbité, des peines graduées selon son mérite ; or, c'est assurément l'occasion ou jamais de demander une assimilation complète pour tous les débiteurs, sans distinction. L'honnête homme, quel qu'il soit, n'est-il pas digne des mêmes égards quand le malheur le terrasse ? Par opposition, ne peut-on dire aussi que le malhonnête homme ne mérite ni plus ni moins d'indulgence, soit qu'il exerce une profession civile, soit qu'il se livre au commerce, soit qu'il vive dans l'oisiveté ?

CONCLUSIONS.

Après cet examen de la proposition de M. Saint-Martin et des diverses questions qu'elle soulève sur les points principaux d'une réforme de la législation des faillites, on va indiquer les conséquences qui semblent en découler.

1° Le Comité central devrait persister dans le système qu'il a présenté, de préférence au système proposé par M. Saint-Martin.

2° Il pourrait demander que l'application en fût généralisée, en ce sens qu'il ne serait plus fait de distinction entre les dettes commerciales et les dettes civiles; ce qui entraînerait la suppression des art. 1265 à 1270 (inclus) du Code civil traitant de la cession de biens, et la soumission au Code de commerce de tout débiteur qui ne peut remplir ses engagements (1).

3° Afin de donner satisfaction à l'observation faite par M. le rapporteur de la Section de législation du Conseil d'Etat au sujet de la double procédure qu'entraînerait le projet du Comité central, en cas de faillite, le Comité central pourrait modifier la dernière partie de son projet (section V), ainsi qu'il suit :

Remplacer les art. 451 à 503 du Code de commerce par des dispositions qui auraient pour objet :

(*a*) De maintenir en fonctions le juge commissaire nommé pour les opérations précédentes ou de le remplacer, selon qu'il y aurait lieu.

(*b*) De faire ordonner par le Président du tribunal que, sous la direction du juge commissaire et la surveillance de trois commissaires élus par l'assemblée générale des créanciers, il serait procédé par un liquidateur nommé par la même ordonnance, et investi des pouvoirs nécessaires, à la liquidation de la masse active et passive du débiteur et à la distribution du reliquat actif entre les créanciers, en prenant pour base les opérations qui auront précédé la déclaration de faillite.

4° Relativement aux droits des femmes, modifier :

(*a*) L'art. 559 de façon à ce que les immeubles acquis par la femme durant le mariage ne puissent jamais être distraits de la masse active, hors les cas d'emploi et de remploi régulièrement justifiés (2).

---

(1) Pour motiver cette importante modification on a ajouté aux considérations présentées dans le rapport un argument décisif.

Le plus grand obstacle, a-t-on dit, que rencontre le cultivateur pour se procurer le crédit n'est-ce pas justement parce qu'il reste soumis, pour l'exécution de ses engagements, aux lentes et coûteuses formalités de la loi civile, d'ailleurs si peu efficace?

Du jour où on lui appliquera la loi commerciale, son papier trouvera un accueil aussi favorable que celui du commerçant, et le problème jusqu'ici insoluble du crédit agricole sera des plus faciles à résoudre.

Plus que jamais aujourd'hui, cette assimilation serait justifiée, car l'agriculture, presque partout, est devenue une industrie. Il est peu d'agriculteurs, en effet, qui ne soient doublés d'un industriel ou tout au moins d'un commerçant.

Le monde agricole est des plus nombreux ; en fixer les limites est chose difficile. C'est une raison de plus pour généraliser l'assimilation. D'ailleurs, qui pourrait s'en plaindre avec quelque raison, du moment que la loi établit une distinction entre les débiteurs, et que, douce à tout homme honnête, elle n'est sévère que contre l'improbité ?

(2) Voici les termes de l'art. 559 du Code de commerce :

« Sous quelque régime qu'ait été formé le contrat de mariage, hors le cas prévu par l'art. précédent (558), la présomption légale est que les biens acquis par la femme du failli, appartiennent à son mari, ont été payés des ses deniers, et doivent être réunis à la masse de son actif, *sauf à la femme à fournir la preuve du contraire.* »

Il ne s'agit en quelque sorte que de supprimer les mots en italique ; — car la faculté de faire cette preuve est un excitant à la fraude. Il y aurait lieu ensuite de rectifier en ce sens la rédaction de l'article.

(b) L'art. 562, de manière à ce que la femme ne puisse repéter les dettes par elle payées pour le mari, durant le mariage (1).

(c) Enfin l'art. 563, de telle sorte que la femme n'ait plus ni privilège, ni hypothèque sur les immeubles appartenant à son mari, pour ses biens propres mobiliers qui ne se retrouveraient pas en nature dans la masse active (2).

5° En ce qui concerne la répartition entre les créanciers et la liquidation du mobilier, il ne s'agit que de reviser les art. 565 à 570 (inclus) pour les mettre en harmonie avec la substitution aux syndics, des commissaires et liquidateurs nommés par les créanciers.

6° Pour ce qui regarde la revendication, il y aurait lieu, d'après les considérations présentées plus haut, de s'en tenir aux dispositions actuelles du Code de commerce.

7° On ne voit rien à changer non plus à la résolution prise par le Comité central touchant la banqueroute simple et la banqueroute frauduleuse. Relativement à la banqueroute simple, la proposition Saint-Martin crée une classe de contraventions spéciales (art. 239 et suiv.), par exemple, pour défaut de tenue ou tenue irrégulière des livres de commerce, pour arrangements amiables consentis antérieurement à la déclaration de cessation de paiements, etc., et range parmi les faits délictueux, certains actes qui ne sont pas énoncés au Code de commerce ; mais ces additions ne semblent pas d'une nécessité absolue ; car les faits qu'elles visent seront nécessairement atteints dès que leur criminalité sera légalement établie.

8° Enfin, en ce qui regarde la réhabilitation ; il est certainement dans l'esprit du Comité central de la faciliter autant que possible ; cependant, comme, d'après son système, le débiteur vraiment honnête ne sera que très rarement exposé à se voir déclaré en faillite, il

---

(1) Voici les termes de l'art. 562 du Code de commerce :

« Si la femme a payé des dettes pour son mari, la présomption légale est qu'elle l'a fait des deniers de celui-ci, et elle ne pourra en conséquence exercer aucune action dans la faillite, *sauf la preuve contraire comme il est dit à l'art.* 559 » (même observation qu'à la note 2 de la p. 22).

(2) Le Comité central n'a adopté cette modification qui lui a paru un peu trop rigoureuse, qu'avec une rectification qui entraînerait la rédaction suivante :

(c) Enfin l'article 563, de telle sorte que la femme n'ait ni privilège, ni hypothèque sur les immeubles appartenant à son mari, pour ses biens propres mobiliers ; elle aurait seulement le droit de reprendre ceux qui se retrouveraient entre les mains du mari soit dans leur nature d'origine, soit transformés par remploi régulièrement constaté.

Voici, d'ailleurs, les termes de l'art. 563 du Code de commerce :

« Les immeubles qui lui appartiendraient (au mari) à l'époque de la célébration du mariage ou qui lui seraient advenus depuis soit par succession, soit par donation entre vifs ou testamentaire seront seuls soumis à l'hypothèque de la femme :

1° Pour les deniers et effets mobiliers qu'elle aura apportés en dot ou qui lui seront advenus depuis le mariage par succession ou par donation entre vifs ou testamentaire et dont elle prouvera la délivrance ou le paiement par acte ayant date certaine ; 2° pour le remploi de ses biens aliénés pendant le mariage ; 3° pour l'indemnité des dettes par elle contractées avec son mari. »

Cet article devrait être, non modifié, mais remplacé par une disposition qui n'accorderait à la femme que le droit de reprendre les valeurs et effets mobiliers qui proviendraient soit de sa dot soit de l'aliénation de ses biens aliénés, ou bien qui lui seraient échus par suite soit de successions soit de donation entre vifs ou testamentaire, mais seulement, pour ceux de ces biens qui se retrouveraient, au moment de la cessation de paiements, soit dans leur nature d'origine, soit transformés par remploi régulièrement constaté, et à la charge, par la femme, de prouver son droit de propriété par des actes ayant date certaine.

ne paraît pas qu'il y ait lieu d'adhérer à la modification de la proposition Saint-Martin qui reporte, de la Cour d'appel au Tribunal de commerce, le pouvoir de prononcer la réhabilitation. Les formes solennelles prescrites par le Code de commerce paraîtront probablement, au Comité central, préférables, afin d'entourer un acte aussi grave de toutes les garanties indispensables pour le justifier, et inspirer la plus entière confiance dans la sincérité de la régénération qu'il est appelé à consacrer.

Les considérations et les conclusions présentées dans ce rapport ont été, après débats, approuvées à l'unanimité, sans autre rectification que celle indiquée par la note 2 de la page 23.

Paris — Imprimerie L. Baudoin et Cⁱᵉ, rue Christine, 2.

COMITÉ CENTRAL DES CHAMBRES SYNDICALES

Le Comité central se compose des Chambres suivantes :

Bijouterie, Joaillerie, etc.	Président, M. MARTIAL BERNARD, O. ✳, rue de la Paix, 1.
Bimbeloterie, etc.	Président, M. BENOIT LÉVY, rue des Francs-Bourgeois, 30.
Boulangerie.	Président, M. RAMÉ, rue de Charonne, 7.
Bronzes.	Président, M. BARBEDIENNE, C ✳, boul. Poissonnière, 30.
Carrossiers, Charrons et Selliers.	Président, M. HURET-BELVALLETTE, Champs-Elysées, 24.
Céramique et Verrerie.	Président, M. PEULLIER, rue de Paradis-Poissonnière, 19.
—	Délégué, M. SAGLIER, rue d'Enghien, 12.
Commerce d'exportation.	Président, M. PERSON, ✳, rue Chauchat, 13 *bis*.
Cristal. et Verreries de France.	Président, M. DUBOIS (Ch.), faub. Saint-Martin, 140.
Editeurs de musique.	Président, M. COLOMBIER, passage Vivienne.
Enseignes et Stores (Fabricants).	Président, M. DESCAMPS, rue Neuve-Saint-Augustin, 10.
Entrepr. de charpente.	Président, M. BERTRAND (Frédéric), aven. de Clichy, 100.
Entrepr. de couverture, etc.	Président, M. SEYFFERT, rue de Maubeuge, 27.
Entrepr. de démolitions.	Président, M. GROSCLAUDE, boulevard Diderot, 59.
Entrepr. de fumisterie.	Président, M. VANONI, rue d'Argout, 43.
Entrepr. de maçonnerie.	Président, M. HUNEBELLE (Alfred) ✳, rue Nicole, 6.
Entrepr. de menuiserie.	Président, M. HARET, ✳, rue de Bruxelles, 46.
Entrepr. de peinture, etc.	Président, M. MORIN, rue Bayen, 27.
Entrepr. de serrurerie.	Président, M. GIGNOU, rue Saint-Ferdinand, 6 (Ternes).
Epiceries en gros (Union centrals).	Président, M. DESMARAIS (Henri), ✳, r. des Minimes, 14.
Equipements militaires.	Président, M. HELBRONNER (Alphonse), ✳, rue Joubert, 27.
Horlogerie.	Président, M. RODANET, rue Vivienne, 36.
Imprimeurs lithographes.	Président, M. LEMERCIER, O. ✳, rue de Seine, 67.
—	Délégué, M. BAULANT, boul. Saint-Germain, 177.
Instruments de précision.	Président, M. RADIGUET, boul. des Filles-du-Calvaire, 45.
Librairie, etc.	Président, M. HACHETTE (G.), ✳, boul. Saint-Germain, 79.
—	Délégué, M. LEFEVRE (Théodore), rue des Poitevins, 2.
Marine (navigation intérieure).	Président, M. D'ARTOIS, rue Taitbout, 78.
—	Délégué, M. CAPTIER, rue Taitbout, 78.
Mécaniciens, etc.	Président, M. GUELDRY, rue Amelot, 64.
Métaux.	Président, M. LÉTRANGE, rue des Vieilles-Haudriettes, 1.
Miroitiers.	Président, M. BENDA, rue des Archives, 10.
Papier, etc.	Président hon. et Délégué, M. J.-L. HAVARD, ✳, Vincennes.
Pharmaciens.	Président, M. DESNOIX, rue Vieille du Temple, 17.
—	Délégué, M. CRINON, rue Turenne, 45.
Produits chimiques.	Président, M. A. VÉE, rue Vieille-du-Temple, 24.
Propriét. d'hôtels meublés.	Président, M. Is. AVIET, rue Saint-Honoré, 223.
—	Délégué, M. COMBLE, boul. des Capucines, 29.
Quincaillerie.	Président, M. DIETZ-MONNIN, O. ✳, r. du Château-d'Eau, 7.
—	Délégué, M. FLOBERT, rue des Filles-du-Calvaire, 12.
Sculpteurs-Ornemanistes.	Anc. Président, M. GILBERT (F.), ✳, boul. de Clichy, 60.
Stéarinerie et Savonnerie.	Président, M. LENOEL, à Saint-Denis (Seine).
Tapissiers.	Président, M. C. LEGRIEL, rue de Bellechasse, 50
Tissus.	Président, M. SEDILLOT (Charles), rue Saint-Fiacre, 7.
Vins et Spiritueux.	Président, M. JARLAULD, quai de Bercy, 50.

Membres correspondants : M. Antoine DANSAERT, O. ✳, Président de l'Union syndicale de Bruxelles, Membre de la Chambre des Représentants de Belgique ; M. JOHAN RICHTER, Président de l'Union industrielle de Teschen-sur-Elbe ; M. W. J. PATTERSON, Secrétaire du *Board of Trade* du Dominion du Canada ; M. Ed. SEVES, Consul général de Belgique.

BUREAU

DU

COMITÉ CENTRAL DES CHAMBRES SYNDICALES

POUR L'ANNÉE 1882

MEMBRES HONORAIRES :

Présidents . . . MM. Frédéric Lévy, C. ✱, rue de la Roquette, 58 ;
A. Person, ✱, rue Chauchat, 13 *bis* ;
Vice-Président.   L. Célerier, ✱, rue du Monthabor, 15 ;
Secrétaire. . . .   Ferrand, ◯, quai de Béthune, 18 ;
Trésorier. . . .   F. Gilbert, ✱, boulevard de Clichy, 60 ;
Membres . . .   Séguier, ✱, rue Cadet, 24 ;
Teissonnière, ✱, quai Voltaire, 5.

MEMBRES EN EXERCICE :

Président . . . . . MM. Ch. Dubois.
Vice-Présidents . . .   Jarlaud et Alf. Hunebelle, ✱.
Secrétaires. . . .   Seyffert et Crinon.
Secrétaire perpétuel .   J.-L. Havard, ✱, chargé de la rédaction du
Recueil.
Trésorier . . . . .   F. Gilbert, ✱.

SIÉGE ET SECRÉTARIAT DU COMITÉ CENTRAL, RUE DE LUTECE, 3

(Près le Tribunal de commerce).

Voir ci-contre la liste des Chambres syndicales qui composent le Comité central.

Paris. — Imprimerie L. Baudoin et Cᵒ, rue Christine, 2.

www.ingramcontent.com/pod-product-compliance
Lightning Source LLC
LaVergne TN
LVHW012324050726
842524LV00004B/1599